स्वांतः सुखाय

कुछ शब्द स्वयं के खातिर!

श्रुति पाल

BookLeaf Publishing

India | USA | UK

Made with ❤ on the BookLeaf Publishing Platform
www.bookleafpub.in
www.bookleafpub.com

Dedication

यह पुस्तक उन सभी जिज्ञासु और साहसी आत्माओं को समर्पित है, जो अपनी भावनाओं के साथ गहराई से जुड़ते हैं, उन्हें एक सुंदर और जीवंत कला की तरह जीते हैं और जो उन्हें एक शक्तिशाली और सुंदर उपहार की तरह देखते हैं।

यह उन संवेदनशील और गहरी आत्माओं के लिए है, जो जीवन के हर पल को एक सुंदर और अनोखे गीत की तरह सुनते हैं, जो अपने कठिन समय को एक दर्दनाक लेकिन सुंदर कविता की तरह महसूस करते हैं, और जो अपने अच्छे समय का आनंद लेने के लिए एक खुशी से भरे हुए बच्चे की तरह खेलते हैं।

मैं यह आशा करती हूँ की मेरे ये शब्द आपके दिल की गहराइयों में उतरकर आपकी आत्मा से जुड़ेंगे, आपकी मनोदशा को उज्ज्वल और ऊंचा रखेंगे और आपके विचारों को एक तरुण और अनंत आकाश की तरह विस्तारित रखेंगे| मेरी यही कामना है कि ये शब्द आपके जीवन में एक सकारात्मक और सशक्त परिवर्तन लाएंगे, आपको अपने सपनों की ओर बढ़ने के लिए प्रेरित करेंगे, और आपके हृदय में एक नई आशा और उत्साह का संचार करेंगे।

Preface

कविता एक ऐसी भाषा है जो हमारे दिल और दिमाग के बीच के रिश्ते को मजबूत बनाती है, हमारी भावनाओं और विचारों को एक सुंदर और सामंजस्यपूर्ण रूप में जोड़ती है, और हमें एक अधिक गहरे और अर्थपूर्ण जीवन की ओर बढ़ने के लिए प्रेरित करती है, जैसे कि एक नदी अपने उद्गम से लेकर अपने सागर में मिलन तक एक सुंदर और अनोखी यात्रा करती है।

यह पुस्तक मेरी कविताओं का एक संग्रह है, जो प्रेम, जीवन, और सपनों की यात्रा को दर्शाती हैं।

इन कविताओं में मैंने अपने जीवन के अनुभवों के ताने-बाने को शब्दों के रंगीन धागों में पिरोने की कोशिश की है, जहां सुख-दुख के मिले-जुले रंग एक सुंदर और जटिल तस्वीर बनाते हैं। मैंने इन पंक्तियों में अपने दिल की गहराइयों से निकलने वाली भावनाओं को एक सुंदर और भावपूर्ण रूप में ढालने का प्रयास किया है, जहां प्रेम की मिठास और अलगाव की पीड़ा एक दूसरे के साथ जुड़कर एक नई और अनोखी धुन बनाते हैं।

मुझे आशा है कि ये कविताएं आपके जीवन के अनुभवों से जुड़ेंगी, आपके दिल की गहराइयों को छूएंगी, और आपको नई दृष्टि प्रदान करेंगी।

यह पुस्तक उन सभी खुले दिलों और जागरूक आत्माओं को समर्पित है, जो कविता की मधुर और मार्मिक भाषा में अपनी आत्मा को खो

देना चाहते हैं, जो जीवन के हर पल को एक कविता की तरह देखते हैं, जो हर अनुभव को एक सुंदर और अर्थपूर्ण रूप में देखना चाहते हैं, और जो अपने जीवन को एक महाकाव्य की तरह जीना चाहते हैं।

Acknowledgements

"माता-पिता की दुआओं में मेरी जिंदगी की सबसे खूबसूरत दास्तान लिखी गई है।"

यह पुस्तक मेरे माता-पिता के पवित्र चरणों में समर्पित है, जिन्होंने मुझे ज्ञान की दुनिया में प्रवेश करने के लिए प्रेरित किया, शब्दों के जादू को समझने और उसे प्यार करने की कला सिखाई। उनके निरंतर प्रेम, समर्थन और आशीर्वाद ने मुझे इस जीवन यात्रा पर आगे बढ़ने की शक्ति दी|

उनकी ममता और पितृत्व ने मुझे एक सुरक्षित और प्रेमपूर्ण वातावरण प्रदान किया, जहां मैं अपने सपनों को पूरा करने के लिए स्वतंत्र थी। उनकी प्रेरणा और मार्गदर्शन ने मुझे जीवन के हर कदम पर सही रास्ता दिखाया|

मैं अपने माता-पिता को धन्यवाद देती हूँ, जिन्होंने मुझे जीवन के मूल्यों और सिद्धांतों को सिखाया, मुझे सहानुभूति, करुणा और प्रेम की महत्ता को समझाया। उनकी शिक्षा और प्रेरणा ने मुझे एक बेहतर इंसान बनने में मदद की|

मैं उनके प्रति अपनी कृतज्ञता व्यक्त करने के लिए शब्दों की कमी महसूस करती हूँ। और मैं उनके प्रति हमेशा आभारी रहूँगी।

"यह पुस्तक मेरे सपनों को पूरा करने का एक तरीका है, जिसे तरुण की मित्रता और सहयोग ने संभव बनाया है।"

मेरी प्रिय मित्र तरुण का उल्लेख किए बिना यह अभिवादन अधूरा रहेगा, क्योंकि उनकी मित्रता और मार्गदर्शन ने मेरे जीवन में मुझे नई ऊंचाइयों को छूने में मदद की हैं। जिस तरह एक सारथी योद्धा के लिए रथ को दिशा देने के लिए आवश्यक होता है, उसी तरह तरुण ने भी मेरे जीवन को सही दिशा देने में मदद की है|

उनकी दोस्ती, मार्गदर्शन और समर्थन ने मुझे एक लेखिका बनाने में मदद की है और आवश्यक आत्मविश्वास और शक्ति प्रदान की है।

मैं शब्दों के पुलों पर खड़ी होकर भी उनके प्रति अपनी कृतज्ञता को व्यक्त करने में असमर्थ हूं। उनके निस्वार्थ, ईमानदार और सच्चे समर्थन के लिए मेरे पास शब्दों का अभाव है, लेकिन मेरे दिल में उनके प्रति एक अनंत आभार है।

मेरी ताकत बनने के लिए, मेरे सपनों को पूरा करने के लिए, और मेरे जीवन को समृद्ध बनाने के लिए आपका बहुत-बहुत धन्यवाद।

उनका समर्थन मेरे लिए एक अमूल्य धरोहर है, जिसे मैं हमेशा संजो कर रखूंगी।

और अंत में...

मेरा हृदय से आभार उन सभी व्यक्तियों के प्रति है जिनके साथ मेरे जीवन के विभिन्न पड़ावों पर संक्षिप्त या दीर्घ संपर्क हुआ है, क्योंकि

उन सार्थक बातचीतों और साझा अनुभवों ने मुझे आज जो मैं हूं, बनने में महत्वपूर्ण भूमिका निभाई है और मेरे व्यक्तित्व को समृद्ध बनाने में अपना अमूल्य योगदान दिया है।

1. राधे

प्रेम की राह में हम सब एक निर्णायक मोड़ से गुजरते हैं, जहां हर कोशिश विफल होती दिखाई देती है और हमारे दिल में निराशा की धुंधलाई छा जाती है।

हम हार मान लेते हैं और अपने सपनों को त्याग देते हैं, लेकिन तभी हमारे मन के किसी कोने से एक आवाज़ निकलती है - "एक बार और"।

यह आवाज़ हमें प्रेम की शक्ति- राधा और कृष्ण की पवित्र प्रेम कहानी की याद दिलाती है। उनकी प्रेम कहानी हमें अपने सपनों को फिर से जीने की प्रेरणा देती है।

मन करता है इनसे इनके प्रेम का राज़ जान लिया जाए...
बस यूंही कुछ सवालों के जवाब देखते हैं राधा ने किस तरह से बतायें...

सवाल मुझे ये खा रहे हैं...
राधा मुझे इनका जवाब दो...

अपने श्याम की राह देखते देखते कैसे थक नहीं गई तुम?
उसका साथ न पाकर कैसे अपने प्यार पर टिकी रही तुम?
रुक्मिणी से जलन, सत्यभामा से ईर्ष्या कैसे नहीं हुई कभी तुम्हें?
उसे दूसरों का होता देख कैसे जीती रही तुम?

जिम्मेदारियों को हर बार कैसे जरूरी समझा तुमने?
उसे आगे अकेले बढ़ता देख कैसे अपने मन को रोका तुमने?

बांसुरी की उस धुन को होले-होले गुम होते सुन कैसे सांस लेती रही तुम?
अपने प्यार को भक्ति के रूप में ढलते देख कैसे हंसती रही तुम?

राधा....
एक साधारण स्त्री होकर कैसे महान बनी रही तुम??

राधा मुस्काई..
जवाब देकर कहा...

पगली!
जो मन में बसे उसकी राह नहीं देखी जाती..
मोहब्बत हमारी किसी बंधन में नहीं लिपटी..
जिसे मुझे टिकाने की जरूरत पड़ती....

जलूं में क्यों जब मेरा नाम ही उससे जुड़ा है...

दूसरे का वो कभी हुआ ही नहीं..
वो तो रहा सिर्फ मेरा अपना है..

जिम्मेदारी थी की जिम्मेदारी को अपना स्थान दूँ...
वो आगे बढ़े और जग संभाले...
मैं यहीं रुककर उसके लिए दुआ करूँ...

विश्वास था कि बांसुरी की धुन मेरे अंतिम क्षण में मुझे वो फिर सुनाएगा..
मेरा प्यार मेरी भक्ति नहीं मेरी शक्ति का स्वरूप माना जाएगा...

पगली....
महानता नहीं ये इस साधारण स्त्री का सच्चा प्यार कहलाएगा..
ये इस साधारण स्त्री का सच्चा प्यार कहलाएगा!

2. सलाह

कभी हताश होकर एकांत में बैठकर खुद को सलाह दी है?
अपने खुद के विचारों के समंदर में मंथन कर खुद को ही नसीहत दी है?

कभी निराशा के अंधकार में खुद को सहारा दिया है?
अपने विचारों को शांति से सुनकर खुद को ही जीवन का मार्ग दिखाया है?

बहुत सच्ची और सही बात होती है वो...
क्योंकि वो राय किसी भी मिलावट, किसी भी मलाल से नहीं लिपटी होती|

ऐसे ही एक अपने आप से अपने आप को दी हुई सलाह पढ़ते हैं...

अपने दिल से आज तुम्हें एक सलाह देती हूँ...
मान जाना...

कभी भी किसी की मोहब्बत बनना...
उसका दिखावा बनके मत रह जाना...

उसकी ज़रूरत बनना....
सिर्फ उसकी चाहत बनके मत मान जाना...

उसकी आशिकी बनना...
उसकी दीवानगी तक मत रुक जाना...

उसकी रूह बनना...
सिर्फ उसका एहसास बनके मत थम जाना....

उसकी आदत बनना....
ना सिर्फ उसकी तलब बनके रह जाना...

उसका प्यार बनना...
सिर्फ उसका मोह मत बन जाना...

उसकी मंज़िल बनना...
सिर्फ उसकी ख्वाहिश बनके मत रह जाना....

उसकी ज़िंदगी बनना....
ना सिर्फ उसके जीने का सहारा बन जाना...

उसका मोक्ष बनना...
सिर्फ उसकी उपलब्धि बनके मत रह जाना...

उसकी खुशी बनना....
उसकी मौज बनके मत रह जाना....

बनना ही हो तो उसकी नफरत बनना...
उसकी मायूसी बनके मत रह जाना...

आज तुम्हें एक सलाह देती हूँ...
मान जाना...

अपनी कीमत अपनी नज़रों में कायम बनाए रखना...
उसे घटा कर मामूली मत बन जाना...

तुम्हारी इज्ज़त तुम्हारे ही हाथों में हैं....
उसे दूसरों की बातों से मत तौल जाना...

ये खुशियाँ, ये इज्ज़त, ये तुम्हारी कमाई हैं...
उसे तुम किसी की दी हुई भीख मत समझ जाना...

तुम बहुत अनमोल हो...
अपने आप को खैरात में ना बाट जाना!

3. मक्तूब

अपने हाथों की लकीरों को तो हमने कई बार देखा है,
और देखते देखते बहुत कुछ सोचा है,

इन लकीरों के बीच की गहराइयों में उतरने की,
अपने भीतर के कशमकश का पता लगाने की|
इन लकीरों के बीच की खामोशियों को सुनने की ,
और इनमें छुपी कहानियों को ढूंढने की ||

कोशिश की एक दिन इन्हें समझने की,
जहां हमारे विचार, भावनाएं और सपने एक दूसरे से जुड़ते हैं।

मक्तूब कहा गया है उसे...
वही...
जो सब पहले से लिखा होता है...
हाथों की लकीरों में जो...
सब पहले से रचा होता है....

सब कुछ तुम्हारे हाथों में है...
यही जवाब था मेरे हर सवाल का....
अपने हाथों को देख कोशिश की आज..
समझने की इन लकीरों के कमाल का..

बड़े टेढ़े हैं साहब ये...
आसानी से पल्ले ना पड़ते...
घूम-घूम कर...
ये मुझे पागल है बनाते....

हज़ारों एक साथ आ...
ये इतने बेफिक्रे हैं...
किसी को भी ना समझे...
ऐसी लिपि बन ये बिखरे हैं...

मेरी बेबसी का ये..
खूब मज़ा ले रहे हैं...
मुझसे जुड़कर...
ये मुझे दगा दे रहे हैं...

अरे मेहरबान होकर...

मेरे अपनों का तो मुझे ज्ञात कराओ...
अपनी बेरहमी से ऊपर उठकर...
मुझे कृपा कर अपनी सच्चाई से अवगत कराओ...

क्या लिखा है मेरे नसीब में..
ये मुझे जानना है...
मुझसे अब और सब्र नहीं होता...
मुझे भी अब स्थिर होना है...

मेरी मुट्ठी में बंद होकर...
तुम इस कदर छिप मत जाओ....
भले ही मुझसे गुप्त रहो तुम...
पर मेरी ताकत तो बन जाओ...

तुमसे क्या ही जीतूंगी मैं...
तुम्हारे नक्शे कदम पर ही तो चलना है...
वक्त को सहारा बना कर...
मुझे बस अपने मक्तूब से रूबरू होना है!!

4. हंजू

कितनी बार ऐसा होता है कि हम अपने गमों को पूरी तरह से महसूस नहीं कर पाते,
वह दर्द जो हमारे भीतर धधकता रहता है, लेकिन जुबान पर नहीं आता,

उसे जानकर भी पूरी तरह समझ नहीं पाते, क्योंकि वह दर्द किसी और बात का नहीं होता,
वह हमारे अपने ही दिल की दास्तान होती है।

ऐसे अवसर पर लगता है कि एक बार दिल खोलकर बस रो लिया जाए,
अपने भीतर के जितने भी दर्द है उसे बस बाहर निकाल दिया जाए।

लेकिन क्या यह इतना आसान है?
क्या यह इतना संभव है?
पर ऐसा कितनी बार हो पाता है, है ना?

आज रोना है बहुत..
पर कम्बख़त ये आंसू कहाँ रह गए..
गले में आकर अटके हैं...
मुए आँखों का रास्ता भटक गए...

ये रास्ता बड़ा कठिन होता होगा...
इसलिए तो ये बीच में रुक जाते हैं...
कभी दिल, गले, रूह...
तो कभी मन में ठहर जाते हैं...

शायद इन्हें मेरे अंदर..
ठहरना अच्छा लगता है...
मेरे से इनका लगाव..
मुझे अब सच्चा लगता है....

भले ही मुझे सताते हैं ये...
पर मन भरा रखते मेरा...
जिस दिन आँखों से बह गए..
उस दिन खाली छोड़ जाते ये मन मेरा....

आंसू ये मेरे..
मुझसे क्या चाहते हैं...
मुझे तड़पता देखना...
या मुझे शांत करना चाहते हैं...

बड़ी मुश्किल से..

तो आज अवसर मिला है...
वरना ढूंढ कर थक जाती हूँ..
पर मन परेशान रहता है...

आज मिली है शांति..
जो रूह को मेरे सुकून दे जाए...
दर्द भी दिल से निकलकर...
आँखों से बाहर भाग जाए...

आज रोना है बहुत..
पर कम्बख़त ये आंसू कहाँ रह गए..
गले में आकर अटके हैं...
मुए आँखों का रास्ता भटक गए!

5. खिलौना

हमारे जीवन की यात्रा में, हम नए रिश्तों के फूलों को अपने जीवन के बाग़ में लगाते हैं, जो हमारे जीवन को सुगंध और रंग से भर देते हैं। लेकिन हम कभी भी पुराने रिश्तों की जड़ों को नहीं भूलते, जो हमारे जीवन को मजबूती और स्थिरता प्रदान करते हैं।

एक बच्चे के प्रिय खिलौने की तरह, हम भी अपने पुराने रिश्तों को संजोए रखते हैं। जिस तरह एक बच्चा अपने प्रिय खिलौने को कभी नहीं छोड़ता, उसी तरह हम भी अपने पुराने रिश्तों को कभी नहीं छोड़ते। हम उन्हें अपने दिल में बसाए रखते हैं, और उनकी यादें हमेशा हमारे साथ रहती हैं।

इसलिए, हम नए रिश्तों का स्वागत करते हैं, लेकिन पुराने रिश्तों को भी अपने दिल में बसाए रखते हैं। हम जानते हैं कि दोनों ही हमारे जीवन के लिए महत्वपूर्ण हैं, और दोनों ही मिलकर हमारे जीवन को एक सुंदर और समृद्ध बनाते हैं।

उस बच्चे के हाथ का वो खिलौना...
जिसे वो कभी नहीं छोड़ता...
दिन हो या रात...
हर पल उसी के साथ गुजारता...

साथ में खाते दोनों...
साथ ही खेलते...
लड़ाईयाँ भी साथ ही होती...
साथ ही दोनों जीते...

इस साथ को शायद...
थमना था कहीं...
जब उस बच्चे के हाथ आए...
नए खिलौने कई...

नए दोस्तों में...
पुराना वो साथ भुल सा गया...
बच्चा ही था वो...
नए खुशियों में रम सा गया....

सारे अपने खिलौनों को समेटते वक़्त...
छूट गया उसका वही पुराना साथ...
भाग आया फिर से उठाने वो...
अपने उस यार का हाथ...

नन्हे हाथों से धूल हटाई...
माफ़ी मांग अपने पास रखा....
पुराना भले हो गया था...
पर सबसे प्यारा वही था...

आज उस खिलौने की तरह...
हम भी गिरे थमे हैं...
आयेगा वो उठाने हमें भी...
जिसके साथ हम चलने के लिए रुके हैं!

6. जीवन

हमारा जीवन बहुत ही अनिश्चित है,
कब क्या हो जाए, कब किसका साथ छूट जाए,
इसका अनुमान हम कभी नहीं लगा सकते,
जीवन की राह में हर मोड़ पर एक नई अनिश्चितता का सामना होता है।

कब किसका साथ छूट जाए, कब कौन सा रिश्ता टूट जाए,
कब कोई अनहोनी हो जाए, इसका अनुमान हम कभी नहीं लगा सकते|

लेकिन फिर भी हमें जीवन की राह पर चलते रहना होता है,
हर अनिश्चितता का सामना करना होता है,
हर चुनौती को पार करना होता है
खुद को संभालना होता है,
और फिर भी मुस्कुराना होता है,
जीवन की खूबसूरती को महसूस करना होता है।

कैसे?

बस ऐसे..

अगर हमें मिलता वो सब...
जो हम चाहते...
तो फिर जीने का मज़ा क्या रह जाता..
ना होती कदर किसी को तुम्हारी..
ना तुम्हें किसी का रह जाता....

ना रोना आता किसी के जाने से...
ना खुशी किसी के आने की...
रिश्ते फिर कैसे बनते...
ना टिकते ये किसी के चाहने से भी...

तुम सोचो ज़रा...
अपने आसपास देखो ज़रा...
कितने हैं जो तुम्हें चाहते..
उनकी भी कीमत समझो ज़रा...

जो ना लिखा नसीब में...
उसपे रोकर कुछ नहीं मिलेगा...
आँखें पोंछ लो अपनी..
शायद तुम्हारा प्यार तब तुम्हें दिखेगा...

खुश रहो मेरी जान...
उसके काबिल हो तुम...
उदासी तुम्हें शोभा नहीं देती...
उससे बहुत ऊपर हो तुम!

मानो मेरी बात...
हंसती रहा करो तुम...
खुशी को साथ रखो...
दु:ख को विदा करो तुम...

आज रो रही हो भले ही तुम...
कल खुश होना ही है....
आज भले ही ना मानो तुम..
पर नियति है ये तुम्हारी...इसे पूरा होना ही है..

ये ज़िंदगी.. बड़ी दिलकश है मेरी जान...
पहले रुला दे...
उसके बाद हसाना ही..
है इसका काम...

जो बीत गयी सो बात गयी...
उस से तुम्हें उभरना होगा..
अपनों के लिए बाद में..
पर अपने लिए पहले तुम्हें संभलना होगा!

7. बक्से में बंद

जिंदगी की राह पर चलते हुए,
हमें कई परिस्थितियों का सामना करना पड़ता है,

लेकिन हम उन्हें कैसे अपनाते हैं,
उसे किस तरह से गले लगाते हैं,
यही हमारी जिंदगी को सुंदर बनाता है।

स्वीकृति की शक्ति से हम मजबूत बनते हैं,
और जीवन की हर मुश्किल का सामना करते हैं,

यही हमें आगे बढ़ने की ताकत देती है..
हमारी यादों को एक बक्से में बंद करने का साहस देती है..

एक बक्से में बंद...
आज कर दिए मैंने वो यादें हैं.......
जिनके सहारे ज़िंदगी गुजारने के..
कभी किए थे इरादे हैं...
एक बक्से में बंद...
आज कर दिए मैंने वो यादें हैं.......

सारे अपने गमों को...
अपनी खुशियों से जोड़ पिरो कर...
उन लम्हों की माला को संजो कर...
आज कर दिया किनारे हैं...
एक बक्से में बंद...
आज कर दिए मैंने वो यादें हैं...

खुद को आज समेट कर...
पहचानी अपनी ज़रूरतें हैं...
होश को अपने काबू कर...
मदहोशी से तोड़े नाते हैं...
एक बक्से में बंद...
आज कर दिए मैंने वो यादें हैं...

सुहाने सवेरे की आस लेकर...
काले अंधेरे से जीते हैं...
उस विष की आग में तप कर...
आज खुद को निखारे हैं...
एक बक्से में बंद...

आज कर दिए मैंने वो यादें हैं...

उम्मीद की ज़ंजीर से बंद...
लगाए उस पर समझदारी के ताले हैं...
अपने भीतर के एक कोने में कर उसे आखिरकार....
महसूस किए मेने आज सुकून भरे सन्नाटे हैं...
एक बक्से में बंद...
आज कर दिए मैंने वो यादें हैं!

8. अन्त से आरंभ

कभी अपने अंत को महसूस होते हुए जाना है?
अंदरूनी अंत?

जहाँ आत्मा की गहराइयों में एक अनजानी सी शून्यता महसूस होती है?
जहाँ हमारी पहचान की दीवारें टूट जाती हैं, और हम अपने आप को खो देते हैं|

और अपने इस अंत के साथ आती है निर्भीकता,
जहाँ खोने को कुछ नहीं, पाने को सब कुछ है।

इस अंत से मिलता है आत्मविश्वास का नया संचार,
जो नए शुरुआत की हिम्मत और उमंग देता है।

अंत से आरंभ करने की यात्रा को तय करने की हिम्मत देता है।

इन रातों से डर लगने लगा है...
इस सन्नाटे से मन घबराने लगा है...

अपने आप को हर रात तोलने से थकान सी हो गई है...
दिन भर के कर्मों का हिसाब लगाने से अब घुटन सी हो गई है..

अपनी सोच की उन्ही राहों पर चलते हुए मंजिल नहीं हासिल हो रही मुझे...
दौड़ते भागते अपने मन से अब उदासी सी हो रही मुझे...

नहीं रखना ये गणित मुझे..
बेपरवाह होकर ना रहना है भयभीत मुझे...

दुनिया गई भाड़ में.. ये चीखना है मुझे...
अपने अंदर की भड़ास को दिल से बाहर खींचना है मुझे...

मुझे अपने हिसाब से जीना है...
मेरी हक की खुशियों का जाम मुझे भी पीना है...

मुझे नहीं रखना इस दुनिया का ख्याल..
मुझे होना है मतलबी बिन कोई सवाल...

बस हुआ मुझे यार.. मैं थक गई..
ज़िंदा हूँ यार ये अब मुझे काफ़ी नहीं...

मुझे जीना है मुझे जीने दो...

अंत से अपना आरंभ करना है..

मुझे उड़ने दो!

9. मदहोशी

मदहोशी एक ऐसी मानसिक अवस्था है जहाँ व्यक्ति अपने आसपास की दुनिया से अलगाव महसूस करता है और अपने विचारों और भावनाओं में खो जाता है।

मदहोशी में खो जाने से हमारी सोच और समझ दोनों धुंधली हो जाती हैं,
और इसी धुंधलेपन में गलतफहमी का जन्म होता है।

लेकिन, मदहोशी की ही एक और परत है,
जहाँ हम अपनी गलतफहमियों को तोड़कर सच्चाई को समझने की कोशिश करते हैं।

अब बताओ मदहोशी अच्छी है या बुरी?

मैं क्या बताऊं अपनी कहानी..
मदहोशी बहुत महँगी पड़ी मुझे...
खुद का मोल भी खत्म हो गया...
इतनी अनमोल लगी उसकी संगत मुझे...

होश गवां बैठी..
बेहोश भी होने न दिया...
मदहोशी ने तो मुझे..
जीने क्या मरने तक न दिया...

मैं जग भूल बैठी यूं..
कि जग भूल गया मुझे..
मदहोशी रास आई इस कदर...
कि कोई और, कुछ और जरूरी न समझा मैंने...

नशा नहीं था ये किसी चीज का...
न था किसी तलब का अंजाम...
मदहोशी बस थी उसके साथ की..
उसके प्यार से भरा था वो जाम..

हम तो यूं चल पड़े थे उस राह...
अपना सब कुछ त्याग कर..
मदहोशी में यूं गुम हुए...
अपना सब कुछ लुटा कर...

पता नहीं क्यों ये आवारगी पसंद आ रही थी..
उसकी मदहोशी में लग रहा था जैसे..

मैं किसी सपनों की दुनिया में..
खींची चली जा रही थी...

पत्थर मारने से शीशा जैसे टुट जाए..
इस तरह से होश ने आवाज लगाई..
मदहोशी ने हाथ यूं छोड़ा मेरा...
ऐसे लगा अचानक से जान में जान आई...

एक हाथ से होश ने खींचा..
दूसरा हाथ मदहोशी ने बस थाम रखा...
तब भी अपनी मर्जी से मैं झुकी उसकी तरफ..
समझ आई कि ये जोर न किसी काम का...

अब तो अपने हाल पे छोड़ ही दिया है..
कायनात नसीब और वक्त ने यूं मुझे...
मैं क्या बताऊं यार तुम्हें..
ये मदहोशी बहुत महँगी पड़ी मुझे!

10. क्या फायदा हुआ?

रिश्ते कभी फायदों के लिए नहीं होते, वे तो दिल की गहराइयों में बसे होते हैं|

लेकिन कभी-कभी हम अपना सब कुछ एक इंसान पर न्योछावर कर देते हैं,
और लगता है कि अब क्या? खुद के लिए क्या बच गया?
उनके चले जाने के बाद हम सोचते हैं कि क्या ही फायदा हुआ?
क्या हमने अपना सब कुछ व्यर्थ में ही तो नहीं गंवा दिया?

लेकिन फिर भी हम रिश्तों को बनाते हैं,
क्योंकि वे हमें जीने का एक नया मौका देते हैं|

रिश्तों के उतार-चढ़ाव से हम सीखते हैं,
खुद की कदर करना समझ जाते हैं,
हमें अपने आप को कैसे बचाना है,
और हमें अपने आप को कैसे संजोना है ये सीख जाते है।

क्या फायदा हुआ..
मेरी अच्छाई का..
जब अंत में शिकायत कर दी तुमने...

क्या फायदा हुआ...
मेरी सच्चाई का....
जब अंत में झूठा बना दिया तुमने...

क्या फायदा हुआ....
मेरे भोलेपन का...
जब अंत में छल किया ही तुमने...

क्या फायदा हुआ...
मेरी आँखें मीचने का...
जब पीठ पर ही छुरा मार दिया तुमने...

क्या फायदा हुआ...
मेरे समझदार होने का...
जब अंत में बेवकूफ ठहराया तुमने..

क्या फायदा हुआ...
मेरे आंसू गिराने का..
जब उसी पर कदम बढ़ा दिया तुमने...

क्या फायदा हुआ...

मेरे विश्वास का...
जब अंत में धोखा दिया तुमने...

क्या फायदा हुआ..
मेरे प्यार का...
जब अंत में मेरा तिरस्कार किया तुमने...

तुम्हें मैं क्या ही बोलूं...
तुम उस लायक नहीं...
प्यार क्या... तुम मेरे नफरत के भी काबिल नहीं...

ठोकर लगी तो फायदे समझे...
आँखें मीचने से आँखें खुल गईं...
बेवकूफ ही तो थी... जो समझ न पाई...
आंसू कीमती होते हैं ये जान न पाई...
खुद को लुटा कर खुद की कीमत समझ आई...
आखिरकार में अपनी कदरदान बन पाई!

11. आबरू

कभी जीवन की राह में इतनी करारी चोट लगी है कि दर्द की गहराई में डूबकर भी आंसू निकलने से इनकार कर दिया?

क्या आपने कभी अपने आबरू को दूसरों की नज़रों में धूल में मिलते देखा है, और उसे बचाने के लिए आपके पास कोई शब्द न रहा?

क्या आपने कभी अपने विश्वास को किसी के हाथों में टूटते देखा है, और उसे बचाने के लिए आपके पास कोई ताकत न रही?

तब ऐसे में सवाल पूछने का मन करता है... अपनी ही आबरू से..

कौनसे?

आज रूबरू हो ही जाती हूँ...
ए आबरू तुझसे...
सवाल पूछने हैं कुछ तुमसे...
जानना है कुछ सच्चाई तुमसे..

क्यों चाहती हो तस्दीक़ किसी और की अपनी पहचान हेतु..
क्यों शक करने लगी मेरी काबिलियत पर तू..

क्यों हर बात अपने पर ले लेती हो..
क्यों तुम टुकड़ों-टुकड़ों में बिखरती हो...

क्यों तोलती हो अपने आप को दूसरों के शब्दों से...
क्यों खो देती हो भरोसा खुद पर से...

क्यों सोचती हो कि बाकी तुमसे ऊपर हो...
क्यों नहीं मानती कि तुम सब से परे हो...

अरे अपने आप को कौन भूलता है...
दूसरों के कहने से क्या ही होता है...

सौ बात की एक बात... रहना तुम्हें मेरे साथ ही है..
तो मुझसे दोस्ती करना ही सही बात है...

वादा करती हूँ तुझसे तुझे कभी बिखरने न दूंगी....
तेरे ऊपर कभी भी आंच आ जाए इतनी उंगलियों में उठने न दूंगी...

तू दूसरों पर मेहरबान रहे इतना मजबूर में कभी तुझे होने न दूंगी...
खड़ी रहूंगी अडिग तेरे साथ... तुझे फिर कभी भी औरों से तुलने न दूंगी...

तुम्हारी कीमत में सदा बनाए रखूंगी...
ए मेरी आबरू ये वादा है इस नाचीज का तुझसे तुझे फिर कभी गिरने न दूंगी!!

12. मुखौटा

हम सबके भीतर एक मुखौटा होता है, जो हमारे वास्तविक स्वरूप को छुपाता है। यह मुखौटा हमें दुनिया की अपेक्षाओं और सवालों से बचने में मदद करता है|

इस मुखौटे के पीछे, हम एक अस्थायी सुकून पाते हैं|

लेकिन, एक दिन ऐसा जरूर आएगा जब हमें अपने मुखौटे की जरूरत नहीं पड़ेगी। जब हम अपने असली स्वरुप को स्वीकार करेंगे और दुनिया के सामने अपने सच्चे चेहरे के साथ खड़े होंगे|

रोज़ सुबह उठते ही...
उस मुखौटे को पहन लेती हूँ...
हंसी जिसपे बरकरार है...
मेरी सच्चाई से जो रखता सबको अज्ञात है..

इस अग्यात से..
शायद हो रहा मेरा घाट है...
ये मुखौटा जैसे मेरे ही अस्तित्व के लिए..
बनाकर बैठा एकलौता मेरा साथ है...

इसे पहनूँ तो लोगों के प्रश्नों से बच जाती हूँ..
अपने भीतर के राज़ को कायम रख पाती हूँ..
मेरे अंदरूनी चोट कोई देख नहीं पाता...
शायद इसलिए मुझे कोई समझ नहीं पाता...

मानो किसी जनम का...
श्राप है ये...
मेरी मज़बूती मेरा गहना नहीं..
अभिशाप है ये..

हमेशा चीखने के अलावा...
कोई दूसरा चारा नहीं छोड़ा मेरे पास...
मेरी उदासी से कभी किसी को तो फ़र्क पड़े...
बस एक यही रखी है आस..

पक्का इतना कर लिया है खुदको...

उन सितमों को बार-बार सहकर...
बस पत्थर बन बिखर न जाऊँ...
ये डर लगा रहता है रह-रह कर...

मेरे पिछले जन्मों का पाप ही होगा वो...
जो ये सहना पड़ता है...
मैं जिससे भी प्यार करूँ...
उससे ही जुदाई मुझे झेलना पड़ता है...

हार मान थकना मेरे नसीब में ही नहीं...
नसीब में सिर्फ मेरा दृढ़ होना है...
मुझे सब खुशी में ही सुंदर मानते...
गम में मुझे देख लेना जैसे कोई अपशकुन का होना है...

सारी सुझ-बुझ का ठेका...
तो मेने ही रख रखा है....
तरस में दुनिया का मांगती नहीं...
पर दया का मोल खूब सीखा है...

खूब भारी कीमत चुकाई है मैंने...
तजुर्बे को पाने के लिए...
हैसियत से बाहर...
और सहनशक्ति से परे...

मेरे बचपने को...
कोई नहीं जानता...
मेरे अंदर भी मासूमियत है...

ये कोई नहीं मानता...

शातिरता मेरा गुण नहीं...
मेरे टिके रहने का ज़रिया है...
लगती में चालाक धूर्त भले ही हूँ...
पर मुझमें समाया बेवकूफी का भंडार है....

झूठी में अवल्ल दर्जे की हूँ...
मेरा सबसे बड़ा झूठ मेरा हमेशा ठीक रहना है...
भीतर भले ही सैलाब आया हो..
पर बाहरी दिखावट का ढोंग खूब सच्चा रचा है..

क्या कभी होगा कि कोई मुझे ऐसा मिले...
जो मेरी नकामी से मेरी तुलना न करे..
जिसे मेरे मुखौटे से नफरत हो जाए...
जो मेरी अपूर्णता को अपने से पूर्ण कर जाए...

क्या कभी ऐसा होगा...
कि मुझे इस मुखौटे की जरूरत न पड़े...
मैं यूही फब जाऊँ किसी को...
मेरी मज़बूती वो बन पड़े!!!

13. क्या मैं इंसान नही?

जब दिल टूटता है, और धोखे की चोट लगती है, तो हम अपने आप से सवाल करने लगते हैं।

क्या हमने कुछ गलत किया था? क्या हमें उस पर भरोसा करना चाहिए था?
इन सवालों की धुन पर हम अपने अस्तित्व को टटोलने लगते हैं।

हम अपने बारे में सोचने लगते हैं,कि हम क्या हैं? हम कहाँ हैं?
और हम क्या चाहते हैं?

हमारे भीतर का आक्रोश हमारी सोच को धुंधला कर देता है, तो हमारे सवाल और भी जटिल और गहरे हो जाते हैं।

ऐसे में हमारी सोच में एक तरह की उथल-पुथल मच जाती है, और हमें लगता है कि हमारे सवालों का कोई जवाब नहीं है।

क्या मैं इंसान नही?
जो इतनी आसानी से उंगलियां उठा देते हो मुझ पर...

क्या मैं इंसान नही?
जो इतना दबाव डाल देते हो मुझ पर...

क्या मैं इंसान नही?
कि तुम्हें मेरी कमी राज़ ही नहीं आती...

क्या मैं इंसान नही?
कि तुम्हें मेरी अच्छाई नज़र ही नहीं आती...

क्या मैं इंसान नही?
कि तुम मुझसे यूं पल में दूर हो जाते हो..

क्या मैं इंसान नही?
कि मेरे आंसू देख भी तुम ओझल हो जाते हो..

क्या मैं इंसान नही?
कि जो अपनी मर्ज़ी की मोहताज हो...

क्या मैं इंसान नही?
कि मेरे अपने जीने का भी एक अंदाज़ हो...

क्या मैं इंसान नही?
कि मुझसे गलतियां हो ही नहीं सकती...

क्या मैं इंसान नही?
कि कुछ चीज़ें में भी हूँ भूल सकती...

क्या मैं इंसान नही?
कि मुझपर तरस न ही आती तुम्हें...

क्या मैं इंसान नही?
कि हर बात ज़रूरी है समझना मुझे...

बताओ न..
क्या मैं इंसान नही?
नहीं..

तो इंसानियत की उम्मीद क्यों रखते हो मुझसे?
समझदारी का ठेका क्यों नहीं बांटते मुझसे??

अच्छा...
इंसान मानते हो मुझे?

तो क्यों पत्थर दिल होने पर मजबूर करते हो?
मेरी भावनाओं में मुझे बहाने से क्यों रोकते हो?

एक ही तो ज़िंदगी मिली है...
उसे जीने में क्यों टोकते हो?
सुनो यार मेरी कदर क्यों नहीं करते हो?

क्या मैं इंसान नही?

बताओ न..

14. सफर

ज़िंदगी कभी किसी के लिए नहीं रुकती...
अविरत्ता हमारे चारों ओर है...
हमारा सफर उसी से होकर गुजरना है...

हर पल, हर क्षण, ज़िंदगी आगे बढ़ती रहती है,
और हमें उसके साथ चलना होता है।

कोई भी पल, कोई भी क्षण हमें रोक नहीं सकता,
ज़िंदगी की धारा हमेशा आगे बढ़ती रहती है।

शायद जीना इसी का नाम है,
जीवन की अनिश्चितताओं के बीच,
हमें उम्मीद रखनी होती है,
और जीवन की राह पर चलते रहना होता है।

कदम आज जम से गए...
रास्तों पर थम से गए...
न मंजिल का पता...
न सफर की खबर...
राह चुनते चुनते...
आज बस यूँही जम से गए...

अकेले निकले थे सफर पर...
काफिले बनते गए...
मोड़ आए कई...
साथ छूट गए...
रुख बदल बदल कर...
आज इरादे भी डगमगा से गए...

थकान थी मन में...
होंसले टूट गए...
रुकावट से लड़कर...
दम घुट गए...
खुली हवा की तलाश करते करते...
आज खुद ही सहम से गए...

रुके थे तो दो पल...
नजारों से बहल गए...
मन में सवाल उठे...
और जवाब भी साथ आते गए..
न हम रुके थे किसी के लिए...

न वे हमारे लिए रुकते गए...

सूरज को उठते ढलते देख...
वक्त के साथ फिर उठ चलते गए...
चारों ओर अविरत्ता देखकर...
आज जिंदगी का सार समझ से गए...
न रुकी थी कभी...
न रुकने देगी कभी...
फिर आज से उसे...
बिना गिला शिकवा जीते गए!

15. एहसास

क्या आपने कभी तूफान से पहले की उस अनोखी शांति को महसूस किया है,
जब आपको एहसास होता है कि कुछ बड़ा और निर्णायक होने वाला है,
लेकिन आपको उस पल की शांति की जरूरत होती है ताकि आप अपने आप को समेट सकें,
अपने किए की समीक्षा कर सकें, अपने विचारों को व्यवस्थित कर सकें
और यह तय कर सकें कि यह समय आपके लिए एक आशीर्वाद है या एक चुनौती, एक अवसर है या एक परीक्षा?

क्या आपने कभी उस पल को महसूस किया है जब समय थम सा जाता है,
और आपको लगता है कि यही वह पल है जब आपको अपने जीवन की दिशा को बदलने का मौका मिला है?

जब आपको एहसास होता है कि आपके पास अभी भी समय है अपने फैसलों को बदलने,
अपने रास्तों को सुधारने और
अपने जीवन को एक नए दिशा में ले जाने के लिए?

सुकून है इस सन्नाटे में..
अपने होने का ज्ञान है....
साँसों को अपने गिनते हुए...
मुझे अपने जीने का एहसास है..

न किसी की आस...
न किसी का शोर...
न किसी की ख्वाहिश...
न किसी का जोर...
अकेलेपन में अपने...
मुझे मेरा ही साथ है...
साँसों को अपने गिनते हुए...
मुझे अपने जीने का एहसास है...

मन है भरा हुआ..
आँखें हैं नम..
दिल है बिखरा...
हंसी से छुपा है गम...
इस हंसी को बरकरार रखते हुए...
मुझे अपने हौसले पर नाज है...
साँसों को अपने गिनते हुए...
मुझे अपने जीने का एहसास है...

वक्त है थमा हुआ...
हवा का रुख बदलासा...

क़हर की आहट है...
मन में ही हो जैसे इनका बसेरा सा...
कयामत की इस घड़ी में...
मुझे अपने कर्मों का हिसाब है...
साँसों को अपने गिनते हुए...
मुझे अपने जीने का एहसास है..

16. बड़े दिनों बाद

फुरसत के कुछ लम्हे कितने सुकून दायक होते हैं...
दौड़ती भागती जिंदगी से विपरीत ये कितने मासूम होते हैं...

इन्हें संजोय रखना चाहिए...
क्योंकि ये हमारी असली पूंजी होती हैं,
और ये हमें अपने जीवन को एक बेहतर और सार्थक बनाने में मदद करती हैं।

इन लम्हों में हम अपने आप को पुनर्जीवित कर सकते हैं,
अपने आप को फिर से खोज सकते हैं,
और अपने जीवन को एक नई दिशा दे सकते हैं।

आज बड़े दिनों बाद
सूरज की किरणों का एहसास हुआ...
आज बड़े दिनों बाद
चिड़ियों की चहचहाट से मन प्रफुल्लित हुआ...

आज बड़े दिनों बाद
चाय की चुस्की में जल्दबाजी नहीं हुई...
आज बड़े दिनों बाद
वक्त से किसी भी तरह की मशक्कत नहीं हुई..

आज बड़े दिनों बाद
सीढ़ी ने सांप से जीत दिला दी...
आज बड़े दिनों बाद
वजीर ने राजा को मात दी...

आज बड़े दिनों बाद
अलमारी में छुपी अपनी उन तस्वीरों को फिर निहारा...
आज बड़े दिनों बाद....
अपने सुखी लम्हों को एक बार फिर से याद कर जी डाला...

आज बड़े दिनों बाद
घर वालों से दिल खोलकर बातें हुई...
आज बड़े दिनों बाद
अपने किताबों से रूबरू मुलाकात हुई...

आज बड़े दिनों बाद
विचारों का मन में आभास हुआ..

आज बड़े दिनों बाद
कलम का कागज से मिलाप हुआ...

सच है...
आज बड़े दिनों बाद
सुकून के ये पल मेरी अमानत हुई...
आज बड़े दिनों बाद
खुद से खुद की मुलाकात हुई|

17. सशक्त

क्या आपको कभी किसी ने शक्तिशाली कहा है?
जब आपको यह सुनने की बिल्कुल भी शक्ति नहीं थी?
जब आप मजबूत बनकर थक चुके थे?

किसी को नहीं पता कि हमने अपने जीवन में कितनी चुनौतियों का सामना किया है,
कितने दर्द और कठिनाइयों को सहन किया है।

लेकिन हम खुद जानते हैं कि शक्तिशाली होने का मतलब क्या है,
हम जानते हैं कि इसके लिए कितनी मेहनत और संघर्ष करना पड़ता है।

हम जानते हैं कि शक्तिशाली होने का मतलब सिर्फ मजबूत होना नहीं है,
बल्कि इसका मतलब है अपने दर्द और कठिनाइयों को सहन करना,
और फिर भी आगे बढ़ना।

आज सोचा हिसाब कर ही लेती हूँ...
सशक्त होने की कीमत का...
सहनशक्ति, त्याग और दृढ़ता का लेखा जोखा
और उसकी अहमियत का...

समझ नहीं आया...
इसकी कीमत का अंदाजा लगाऊं कैसे..
मेरी इस ताकत का आकलन..
करूँ तो करूँ कैसे..

जाके पूछ बैठी
उन मुस्कराहटों से..
जिनके पीछे दुनिया भर के गम छिपे थे...
उन आंसुओं से...
जो लोगों के सवालों के डर से कभी मन से बाहर नहीं निकले थे..

उन ख्यालों से...
जो तुलना की जाने की वजह से कभी उभर न पाए..
उन आधी अधूरी बातों से...
जो पूरे होने की मंजिल तक नहीं पहुँच पाए..

जाके पूछा उन भीगे तकियों से...
जो रात भर उन हंजूओं में डूबे थे...
पूछा उन रातों की गहराइयों से...
जो बेसब्री और ख़ौफ़ से भरे पूरे थे...

उन चालाकियों से...

जो मेरे बचपने को धक्का मार सामने आ जाते थे...
उन समझदारी के पर्दे से...
जिससे मेरी मासूमियत और शरारत छिपाए जाते थे...

उन किलकारियों से..
जिनको झूठी हंसी से गुम करना पड़ता था...
उस दर्द से...
जिसको दबाए रख हमेशा मज़बूत बनना पड़ता था..

अपनी उन ख्वाहिशों से...
जो अगर पूरी कर दी होती तो बदनाम हो जाती...
लोगों के उन तानों से... उनकी उस नज़र से...
जिसका ज़हर पी मेरी रूह ही मुझसे अलग हो जाती..

तब समझ आयी ये बात...
कि इसका मोल तोला नहीं जा सकता...
ये बहुत ही अनमोल निकले जनाब...
इसे विरासत में भी पाया नहीं जा सकता...

इसलिए बतलाती हूँ
कि कहना बहुत आसान है...
कि तुम सशक्त हो...
तुम सारे वार झेल सकती हो...

पर जनाब आप समझिए कि...
वार के जख्म भी खुद ही सही करने पड़ते...

खुद ही भरना होता है...

और खुद से ही खुद को थोड़ा-थोड़ा खोना पड़ता है!!

18. घड़ी

कभी अपनी सबसे प्यारी सबसे प्रिय चीज का त्याग किया है?
क्या आपने कभी कुछ ऐसा त्याग किया है जो आपके जीवन का एक महत्वपूर्ण हिस्सा था?

त्याग इसलिए ताकि आप खुद को दिया हुआ वचन का पालन कर सकें?
ताकि उस चीज को फिर हासिल करने के लिए आप दृढ़ रहें ?

लेकिन क्या आप जानते हैं कि यह त्याग आपको और भी मजबूत बनाता है?
यह त्याग आपको अपने लक्ष्यों को प्राप्त करने के लिए और भी दृढ़ और सक्षम बनाता है,
आपको अपने जीवन को एक नई दिशा देने का मौका देता है,
आपको अपने सपनों को पूरा करने के लिए एक नई राह दिखाता है|

कलाइयों पर बंधी...
मुझे मेरे वक्त का अंदाजा देती...
घड़ी थी वो मेरी...
जिसे मैं खूब निहारती...

बांधकर उसे हाथों पर...
आत्मविश्वास भर जाता...
वक्त मेरा है... मेरा ही रहेगा...
ये भरोसा हो जाता...

वक्त मगर बदला मेरा...
घड़ी से नाता टूटा मेरा...
कलाई मेरी सुनी रह गई...
जब आँखों के सामने चूर हुआ सपना मेरा...

प्रण लिया मैंने तब...
देखकर उस घड़ी को..
पहनूंगी तुझे तब ही अब...
जब वक्त मेरे साथ हो...

आँखों से अपने...
आंसुओं को मिटाया...
वक्त को अपना बनाना है...
इस दिल को ये समझाया..

दृढ़ निष्ठां...

अब भी मन में बरकरार है...
प्रण अपना पूरा करूंगी..
बस घड़ी पहनने का इंतजार है...

घड़ी नहीं मानो...
जैसे जिंदगी हो गई...
वक्त बताते बताते...
वक्त की सीख बता बैठी!

19. नज़रिया

हमारी दृष्टि हमारे जीवन को आकार देती है,
जैसे एक कलाकार अपने चित्र को रंगों से सजाता है।

अगर हमारी दृष्टि सही है, तो हम जीवन को सही तरीके से जी सकते हैं।
इसलिए, यह महत्वपूर्ण है कि हम अपनी दृष्टि को सही बनाएं।

हमें अपने अनुभवों, अपने विचारों, और अपने दृष्टिकोण को सही तरीके से समझना चाहिए।

आँखे होती सबकी दो ही है..
पर दृष्टि सबकी अलग...
कुछ की सही...
तो कुछ की अजब...

किसी के देखने से...
नज़र लग जाती है..
और किसी और के देखने से...
आँखे खुल जाती है...

एक प्याले को देखने का जैसे...
सबका अलग ढंग...
किसी को आधा भरा दिखता...
किसी को आधा तंग...

सितारे कुछ को चमकते दिखते..
कुछ को उनमें आकार...
कुछ को उनमें अपने दिखते...
कुछ को नया संसार...

कुछ को खुद में कमियाँ दिखती...
कुछ को सिर्फ अच्छाई...
कुछ को खुद में नाकामियां दिखती...
कुछ को किसी और की परछाई...

ज़िंदगी किसी के लिए अनुभव है...

तो किसी के लिए खबर...
किसी के लिए वो प्यार है...
तो किसी के लिए सफ़र...

न जाने मेरे नज़रिए को...
कब कौन बदलेगा...
मेरी नाकामियों पर...
कौन गर्व करेगा....

जीने का मेरा नज़रिया...
वो ज़रूर सवांरेगा..
और उसी जान में मुझे...
मेरा खुदा नज़र आएगा!!

20. दर्पण

दर्पण में देखा अपना चेहरा, जिसमें छुपी हैं मेरी कहानियाँ।

दर्पण में देखा अपना चेहरा,
और आत्म-निरीक्षण में देखा अपना असली चेहरा।
यह एक ऐसा चेहरा है जो हमारे विचारों और भावनाओं से बना है,
जो हमारे असली स्वरूप को दर्शाता है।

लेकिन यह चेहरा हमें केवल तभी दिखाई देता है,
जब हम अपने आप को ईमानदारी से देखते हैं।
जब हम अपने विचारों और भावनाओं को समझने की कोशिश करते हैं,
तब हमें अपना असली चेहरा दिखाई देता है।

कौन हूँ मैं.. क्या हूँ...
इसकी मुझे खबर नहीं...
दोस्त हूँ या... खुद ही की दुश्मन...
इसकी मुझे समझ नहीं.....

बेवकूफ हूँ...
या बहुत होशियार...
खुद ही से नाराज हूँ...
और करती भी खुद ही से प्यार...

गलती कर...
खुद को माफ भी कर देती हूँ...
और फिर उसीको...
दोहरा भी देती हूँ....

भरोसा करूँ कैसे खुद पे...
जब खुद ही ने उसे तोड़ रखा है..
पर मौका देना तो फितरत है मेरी..
शायद इसीने मुझे खुदसे जोड़ रखा है...

नज़रे न मिला पाऊं खुद से...
इतनी में कभी कभार गिर जाती हूँ...
पर फिर खुद ही को हौसला देकर...
अपने पैरों पर खड़ी हो जाती हूँ...

भूल करती हूँ...

हार भी मान जाती हूँ...
रो भी लेती हूँ...
और फिर खुद मान भी जाती हूँ...

गुस्सा आ जाए जब...
तब ज़बान पर काबू न कर पाती...
और शांत रहूँ तब...
ज़बान काम ही न कर पाती...

मानो अपने में ही मैं ..
खुद की सहेली हूँ...
और कभी कभार...
खुद ही खुद की विरोधी हूँ...

अजब सी पहेली हूँ कभी...
और कभी कांच सी स्पष्ट हूँ...
कभी सुबह की तरह सुनहरी हूँ...
तो कभी साँझ सी धुंधली हूँ...

कौन हूँ मैं.. क्या हूँ...
इसकी मुझे खबर नहीं...
दोस्त हूँ या... खुद ही की दुश्मन...
इसकी मुझे समझ नहीं.....

दर्पण में .... आज देख खुद को...
यही प्रश्न उठ रहा...
और वो भी.. कम्बखत ...

मुझे यूंही घूर रहा...

ये तो आज की बात है...
कल क्या पता क्या दिखलाएगा...
मेरी अच्छाई निखारेगा...
या मेरी बुराईयाँ बतलाएगा...

फिर शायद वही प्रश्न...
वापस घर कर जाएगा...
पता नहीं मैं ही दिखूंगी...
या मुझमें कोई और नज़र आएगा!

21. शांति

शांत मन ही जीवन की सच्ची संपत्ति है,
यही हमें सुख, शांति और संतुष्टि प्रदान करती है।

आत्म-शांति के बिना जीवन अधूरा है,
यही हमें अपने आप को समझने और जानने में मदद करती है।

मन की शांति पाने के लिए आत्म-शांति की जरूरत है,
यही हमें जीवन की सच्ची खुशी प्रदान करती है।

इसलिए अपनी प्रार्थना में सदैव मन की शांति मांगनी चाहिए।

कितनी अजीब सी...
बात है...
बीते दिनों की कशमकश के बाद..
आज बेहद शांत ये रात है..

कितने अरसों बाद...
आज मेरे मन में कोई हलचल नहीं...
जैसे आज किसी भी प्रश्न के जवाब की...
मुझे कोई फिकर नहीं...

प्रश्न मेरे जैसे..
सारे मिट गए हो...
समंदर के बहाव में जैसे...
रेत के किले सिमट गए हो...

आज कुछ चाह कर भी...
मैं नहीं सोच पा रही..
कुछ समझ कर भी...
मैं नहीं समझ पा रही...

शांति सुकून तो...
हमेशा साथ चलते हैं...
पर पता नहीं क्यों...
मुझ तक कभी पहुंच नहीं पाते हैं..

मन में उठे सैलाब की...

अब आदत सी हो गई है...
ये स्थिर समंदर की शांति...
आज विचित्र सी लग रही है...

ये स्थिरता मुझे..
अस्थिर कर रही...
जैसे कई दिनों के क़हर के बाद की ..
खामोशी याद दिला रही..

रोज जिसकी चाह थी..
आज उसी से घबरा रही...
आज उसका साथ मिलने पर भी...
मैं उसी से भाग रही..

क्यों कुछ मिलने पर..
उसकी कीमत खत्म हो जाती है...
क्यों उसे खोने पर ही..
उसकी कदर की जाती है...

आज शांत होकर भी...
बेचैन हूँ...
सब पाकर भी...
मैं आज रिक्त हूँ...

शायद जीने की वजह...
मुझे बताना चाहती है...
ये शांति शायद उस के बाद आने वाले..

तूफान की मुझे खबर देना चाहती है...

कि उठो...
अब भी बहुत लंबा सफर है...
थकना अब विकल्प नहीं...
मेरी तलाश करना यही तुम्हारा अस्तित्व है...

बता रही मुझे वो...
बड़ी अजीब हूँ मैं...
बहुत मंथन के बाद मिलूं...
ऐसी चीज हूँ मैं...

तुम्हें गुमराह कर दूं...
खुद से मैं तुम्हें तबाह कर दूं...
तुम जब हार मान जाओ...
तब मैं तुम्हारे पास आऊं तुम्हें आबाद कर दूं...

संघर्ष शायद मेरा...
अब तब तक ही रहेगा..
जब इस स्थिरता का आवास..
मेरे मन में बसेगा...

शायद तब ही मैं...
उस से घबराऊंगी नहीं...
और किसी भी केहर की...
उम्मीद लगाऊंगी नहीं...

माँ ने कहा था..
मन की शांति से ऊपर कुछ नहीं...
और आज मैं अंततः समझी...
कि इसके अलावा कोई परम सत्य नहीं!